EL
SANTO
ROSARIO

Por el
PADRE LORENZO G. LOVASIK, S.V.D.
Misionero del Verbo Divino

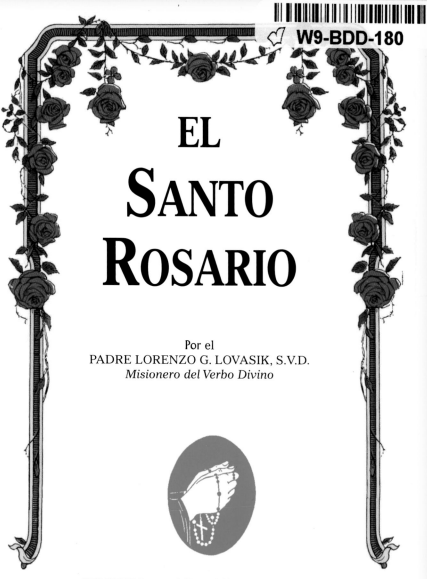

NIHIL OBSTAT: Terrence J. Moran, C.SS.R., Censor Librorum
IMPRIMATUR: ✠ Frank J. Rodimer, J.C.D., Obispo de Paterson

La HISTORIA del SANTO ROSARIO

DURANTE muchos siglos la Iglesia ha considerado como uno de sus tesoros más preciados la devoción al Santo Rosario, el cual constituye un resumen de la fe cristiana basado en palabras y oraciones inspiradas en la Biblia.

El Rosario es la mejor oración en común que pueda hacerse en el seno de la familia.

La narración que haremos a continuación de las TRES apariciones de la Santísima Virgen María teniendo el Rosario en sus manos, servirá para demostrar cuánto ella ama esta devoción.

SANTO DOMINGO

EL origen de esta devoción está tradicionalmente unido a Santo Domingo, quien se hallaba en España en el siglo trece. Santo Domingo fue el fundador de la Orden de Predicadores o Dominicos. También visitó Francia como misionero en donde convirtió a muchas personas.

Un día la Santísima Virgen se le apareció a Santo Domingo, llevando un Rosario en sus manos y le dijo que la devoción hacia el Rosario convertiría a los pecadores y obtendría grandes gracias de Dios. Ella usó estas palabras: **"Este es el preciado don que yo te doy."**

NUESTRA SEÑORA DE LOURDES

EN el año 1858 la Santísima Virgen María apareció dieciocho veces a Santa Bernardita, humilde muchacha campesina, en Lourdes, Francia. Sus apariciones fueron en una cueva que parecía estar iluminada por la más brillante de las luces. Vestía una túnica blanca con un cinturón azul y a sus pies habían rosas color de oro. En su mano derecha llevaba un Rosario blanco con una cruz de oro.

La hermosa Señora rezó el Rosario junto con Bernardita y le pidió que dijera a la gente que hiciera penitencia por sus pecados y que hicieran oraciones. Un día Bernardita le preguntó: "¿Señora, serías tan amable de decirme quién eres?"

La Señora entonces juntó sus manos y mirando hacia el cielo, le contestó: **"Yo soy la Inmaculada Concepción."**

Todavía hoy ocurren muchos milagros en Lourdes, en donde la gente reza el Rosario para obtener la ayuda de la Santísima Virgen.

NUESTRA SEÑORA DE FATIMA

EL día 13 de Mayo de 1917 la Santísima Virgen apareció delante de tres pequeños pastorcitos en Fátima, Portugal. Sus nombres eran Lucía, Jacinta y Francisco. La hermosa Señora estaba vestida de blanco, estando de pie sobre una brillante nube sobre un roble pequeño. De su mano derecha colgaba un Rosario blanco. Le dijo a los niños: "No tengan miedo. Yo vengo del cielo. Quiero que ustedes vengan aquí el día trece de cada mes, hasta el mes de Octubre. Entonces les diré quien soy."

El día 13 de Octubre de 1917, la Santísima Virgen se apareció nuevamente a los niños de Fátima y les dijo: **"Yo soy Nuestra Señora del Rosario.** He venido a advertir a los pecadores que deben enmendar sus vidas y pedir perdón por sus pecados. El pueblo no debe seguir ofendiendo a nuestro Señor, que ha sufrido muchas ofensas. **Deben rezar el Rosario."**

EL SANTO ROSARIO

EL Rosario nos recuerda los hechos más importantes de las vidas de Jesús y María. Estos hechos se llaman Misterios y se dividen en cuatro grupos o décadas, que son:

Los Misterios Gozosos — página 8 a 13.
Los Misterios Luminosos — página 14 a 19.
Los Misterios Dolorosos — página 20 a 25.
Los Misterios Gloriosos — página 26 a 31.

COMO REZAR EL ROSARIO

1. Comenzando en la Cruz, decir el "Credo de los Apóstoles."
2. En la primera Cuenta, decir un "Padre Nuestro."
3. En cada una de las tres Cuentas siguientes, decir un "Ave María."
4. Después decir un "Gloria al Padre" y, a continuación anunciar y pensar sobre el primer Misterio y decir un "Padre Nuestro."
5. Decir 10 "Ave Marías" y un "Gloria al Padre."
6. Anunciar el segundo Misterio y continuar en la misma forma hasta completar todos los cinco Misterios del grupo o década elegido.

LAS ORACIONES DEL ROSARIO

"LA SEÑAL DE LA CRUZ

EN el Nombre del Padre, y del Hijo, y del Espíritu Santo. Amén.

"CREDO DE LOS APOSTOLES"

CREO en Dios, Padre todopoderoso, Creador del cielo y de la tierra, y en Jesucristo, Su único Hijo nuestro Señor, que fue concebido por obra y gracia del Espíritu Santo, nació de Santa María Virgen, padeció bajo el poder de Poncio Pilato, fue crucificado, muerto y sepultado. Descendió a los infiernos y al tercer día resucitó de entre los muertos; subió a los cielos, está sentado a la diestra de Dios Padre todopoderoso, y desde allí ha de venir a juzgar a los vivos y a los muertos. Creo en el Espíritu Santo, la Santa Iglesia Católica, la comunión de los santos, el perdón de los pecados, la resurrección de la carne y la vida eterna. Amén.

"EL PADRE NUESTRO"

PADRE nuestro, que estás en el cielo, santificado sea Tu nombre; venga Tu reino; hágase Tu voluntad en la tierra como en el cielo; danos hoy nuestro pan de cada día; perdona nuestras ofensas, como también nosotros perdonamos a los que nos ofenden; no nos dejes caer en tentación, y líbranos del mal. Amén.

"AVE MARIA"

DIOS te salve, María, llena eres de gracia; el Señor es contigo; bendita tú eres entre todas las mujeres, y bendito es el fruto de tu vientre, Jesús. Santa María, Madre de Dios, ruega por nosotros pecadores, ahora y en la hora de nuestra muerte. Amén.

"GLORIA AL PADRE"

GLORIA al Padre, al Hijo, y al Espíritu Santo. Como era en el principio, ahora y siempre, y por los siglos de los siglos. Amén.

Los CINCO MISTERIOS GOZOSOS

Los **Misterios Gozosos** nos ayudan a recordar el júbilo de María cuando Jesús vino a este mundo. Son los siguientes:

1. **La Anunciación.**
2. **La Visitación.**
3. **La Natividad o el Nacimiento de Jesús.**
4. **La Presentación en el Templo.**
5. **Jesús Hallado en el Templo.**

(Se rezan los Lunes y los Sabados [excepto durante la Cuaresma], y los Domingos de Adviento hasta la Cuaresma.)

1er MISTERIO GOZOSO

LA ANUNCIACION

MARIA, Madre mía, te amo cuando te veo diciéndole al ángel que estás dispuesta a ser la Madre de Dios porque esa es la voluntad del Padre Celestial.

Gracias Te doy, Jesús, por haber deseado convertirte en niño por amor a mí. Hazme humilde y obediente para que siempre pueda complacer al Padre como Tú lo hiciste.

Decir 1 Padre Nuestro.
10 Ave Marías.
1 Gloria al Padre.

LA VISITACION

MARIA, Madre mía, te amo cuando te veo haciendo el largo viaje para ir a visitar y ayudar a tu prima Isabel antes del nacimiento de San Juan.

Enséñame a ser amable siempre con las personas como tú lo fuiste y ayudarlas en todo lo que yo pueda.

Decir 1 Padre Nuestro. 10 Ave Marías. 1 Gloria al Padre.

3er MISTERIO GOZOSO
EL NACIMIENTO DE JESUS

MARIA, Madre mía, te doy gracias por habernos dado un Salvador en Belén. El nació por amor a nosotros para darnos las gracias que necesitamos para ser buenos y salvar nuestras almas.

Dale nuestras gracias por Su amor. Ayúdame a amar a Jesús como tú lo amaste para que yo pueda salvar mi alma.

Decir 1 Padre Nuestro.
10 Ave Marías.
1 Gloria al Padre.

LA PRESENTACION EN EL TEMPLO

MARIA, Madre mía, gracias te doy por haber ofrecido a Jesús al Padre Celestial cuando tú lo llevaste al Templo de Jerusalén cuarenta días después de Su nacimiento.

Ofrece a Jesús al Padre Celestial en mi nombre para que El perdone mis pecados.

Decir 1 Padre Nuestro. 10 Ave Marías. 1 Gloria al Padre.

JESUS HALLADO EN EL TEMPLO

MARIA, Madre mía, te amo cuando te contemplo buscando a Jesús durante tres días y encontrándolo entre los maestros en el Templo.

Quiero obedecerte como lo hizo Jesús. No permitas que jamás pierda a Jesús por culpa de mis pecados. Si alguna vez lo ofendiera con mis pecados, concédeme un arrepentimiento verdadero y haz que Jesús vuelva inmediatamente a vivir en mi corazón.

Decir 1 Padre Nuestro.
10 Ave Marías.
1 Gloria al Padre.

Los CINCO MISTERIOS LUMINOSOS

Los **Misterios Luminosos** (o **Misterios de Luz**) nos ayudan a pensar en el júbilo de María, como la primera entre los creyentes, cuando Jesús comenzó a proclamar las Buenas Nuevas de salvación para todos Sus seguidores. Estos son:

1. El Bautismo de Jesús en el Jordán.
2. La Autorrevelación de Jesús en Caná.
3. La Proclamación del Reino de Dios.
4. La Transfiguración de Nuestro Señor.
5. La Institución por Jesús de la Eucaristía.

(Se rezan los Jueves [excepto durante la Cuaresma].)

EL BAUTISMO DE JESUS EN EL JORDAN

MARIA, como la primera entre las creyentes, tú te regocijaste cuando Jesús comenzó Su Ministerio Público con Su Bautismo, cuando el Padre lo llamó Su Hijo Amado y el Espíritu Santo descendió sobre El para investirlo con Su misión de salvación.

Obtén para mí la gracia de cumplir con mi misión observando mis Promesas Bautismales.

Decir 1 Padre Nuestro.
10 Ave Marías.
1 Gloria al Padre.

2o MISTERIO LUMINOSO

LA AUTORREVELACION DE JESUS EN CANA

MARIA, como la primera entre las creyentes, tú te regocijaste cuando, por tu intercesión durante las bodas de Caná, Jesús convirtió el agua en vino y abrió los corazones de Sus discípulos para que tuvieran fe en El.

Obtén para mí la gracia de hacer todo lo que Jesús me pida.

Decir 1 Padre Nuestro.
10 Ave Marías.
1 Gloria al Padre.

3er MISTERIO LUMINOSO
LA PROCLAMACION DEL REINO DE DIOS

MARIA, como la primera entre las creyentes, tú te regocijaste cuando Jesús proclamó el Reino de Dios con Su llamada al perdón de los pecados y estableció las cualidades necesarias para aquellos que deseen ser Sus seguidores.

Obtén para mí la gracia de buscar frecuentemente el perdón de mis pecados en el Sacramento de la Reconciliación.

Decir 1 Padre Nuestro. 10 Ave Marías. 1 Gloria al Padre.

LA TRANSFIGURACION DE NUESTRO SENOR

MARIA, como la primera entre las creyentes, tú te regocijaste cuando durante Su Transfiguración Jesús mostró la Gloria Divina que tú sabías que le pertenecía, mientras que el Padre ordenó a los Apóstoles que lo escucharan y fueran transfigurados por el Espíritu Santo.

Obtén para mí la gracia de convertirme en una nueva persona en Cristo.

Decir 1 Padre Nuestro. 10 Ave Marías. 1 Gloria al Padre.

5o MISTERIO LUMINOSO

LA INSTITUCION POR JESUS DE LA EUCARISTIA

MARIA, como la primera entre los creyentes, tú te regocijaste cuando durante la Ultima Cena Jesús dio testimonio de Su amor por todos los hombres instituyendo la Eucaristía. El ofreció Su Cuerpo y Sangre bajo las apariencias del pan y del vino.

Obtén para mí la gracia de conocer y amar la Misa y tomar parte activa en la misma.

Decir 1 Padre Nuestro. 10 Ave Marías. 1 Gloria al Padre.

Los CINCO MISTERIOS DOLOROSOS

Los **Misterios Dolorosos** nos ayudan a meditar sobre el gran dolor padecido por María al ver los sufrimientos de Jesús por nuestra salvación. Son los siguientes:

1. **La Agonía en el Huerto.**
2. **Los Azotes en la Columna.**
3. **La Coronación de Espinas.**
4. **La Cruz a Cuestas.**
5. **Crucifixión y Muerte de Jesús.**

(Se rezan los Martes y los Viernes, y cada diá durante la Cuaresma.)

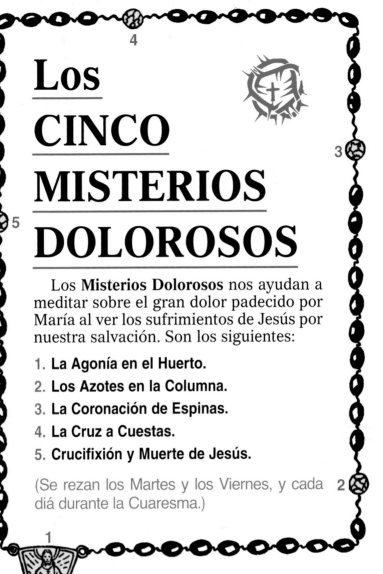

LA AGONIA EN EL HUERTO

MARIA, querida Madre Dolorosa, gracias te doy por todo lo que has sufrido junto a Jesús por mi amor, cuando en Su agonía sudó sangre al contemplar mis pecados.

Concédeme un verdadero dolor de mis pecados que tanto han herido a Jesús.

Decir 1 Padre Nuestro. 10 Ave Marías. 1 Gloria al Padre.

2o MISTERIO DOLOROSO

LOS AZOTES EN LA COLUMNA

MARIA, querida Madre Dolorosa, gracias te doy por todo lo que has sufrido junto a Jesús por mi amor, cuando fue azotado por los soldados hasta que Su cuerpo estuvo cubierto de heridas. No permitas que jamás yo hiera a Jesús con mis palabras o actos malvados. Te ruego que me permitas conservar un cuerpo puro y un alma santa.

Decir 1 Padre Nuestro
10 Ave Marías.
1 Gloria al Padre

LA CORONACION DE ESPINAS

MARIA, querida Madre Dolorosa, gracias te doy por todo lo que has sufrido junto a Jesús por mi amor, cuando los soldados de Pilato forzaron una corona de espinas sobre Su cabeza, lo golpearon y se burlaron de El.

Ayúdame a no herir jamás a Jesús con mis malos pensamientos.

Decir 1 Padre Nuestro.
10 Ave Marías.
1 Gloria al Padre.

4o MISTERIO DOLOROSO
JESUS LLEVA LA CRUZ A CUESTAS

MARIA, querida Madre Dolorosa, gracias te doy por todo lo que has sufrido junto a Jesús por mi amor, cuando te encontraste con El en el momento en que llevaba Su cruz hacia el Calvario. Tú lo viste caer tres veces bajo el peso de Su cruz.

Ayúdame a llevar con alegría la cruz que Dios quiera enviarme.

Decir 1 Padre Nuestro.
10 Ave Marías.
1 Gloria al Padre.

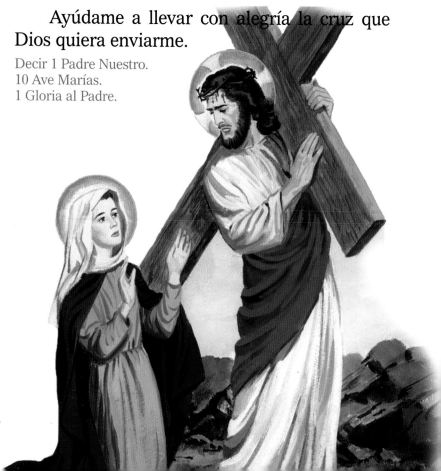

5o MISTERIO DOLOROSO

CRUCIFIXION Y MUERTE DE JESUS

MARIA, querida Madre Dolorosa, gracias te doy por todo lo que has sufrido junto a Jesús por amor hacia mí, cuando viste a los soldados clavar Sus manos y Sus pies en la cruz, y cuando lo viste morir para así salvar mi alma.

No permitas que jamás hiera a Jesús con mis malas acciones, sino que pueda servirlo durante toda mi vida y así poder salvar mi alma.

Decir 1 Padre Nuestro.
10 Ave Marías.
1 Gloria al Padre.

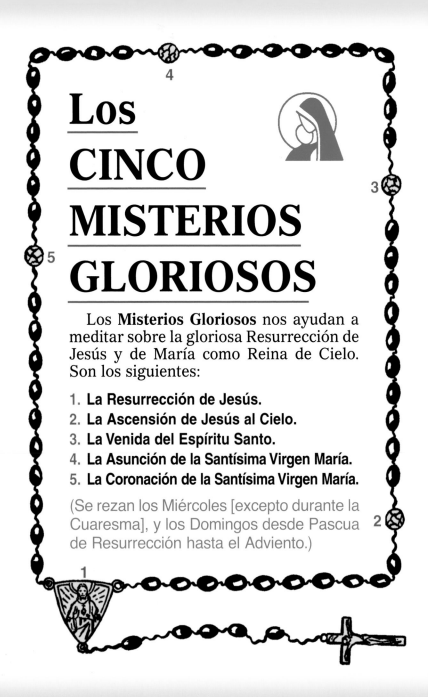

LOS CINCO MISTERIOS GLORIOSOS

Los **Misterios Gloriosos** nos ayudan a meditar sobre la gloriosa Resurrección de Jesús y de María como Reina de Cielo. Son los siguientes:

1. **La Resurrección de Jesús.**
2. **La Ascensión de Jesús al Cielo.**
3. **La Venida del Espíritu Santo.**
4. **La Asunción de la Santísima Virgen María.**
5. **La Coronación de la Santísima Virgen María.**

(Se rezan los Miércoles [excepto durante la Cuaresma], y los Domingos desde Pascua de Resurrección hasta el Adviento.)

LA RESURRECCION DE JESUS

MARIA, hermosa Reina del Cielo, te amo por el júbilo que tú sentiste cuando Jesús se levantó de Su tumba con gloria y se presentó ante ti.

Ayúdame a amar a Jesús en este mundo con un amor igual al tuyo para que algún día yo pueda ser feliz en el cielo con El y contigo.

Decir 1 Padre Nuestro.
10 Ave Marías.
1 Gloria al Padre.

LA ASCENSION DE JESUS AL CIELO

MARIA, hermosa Reina del Cielo, te amo por el júbilo que tú sentiste cuando Jesús ascendió al cielo cuarenta días después de Su Resurrección.

No permitas jamás que mi corazón busque las alegrías del mundo, sino el verdadero júbilo celestial.

Decir 1 Padre Nuestro.
10 Ave Marías.
1 Gloria al Padre.

28

LA VENIDA DEL ESPIRITU SANTO

MARIA, hermosa Reina del Cielo, te amo por el júbilo que tú sentiste cuando, en el décimo día después de Su Ascensión, Jesús envió el Espíritu Santo sobre ti y sobre Sus discípulos mientras oraban en Jerusalén.

Pídele al Espíritu Santo que llegue con Su gracia hasta mí y me santifique.

Decir 1 Padre Nuestro.
10 Ave Marías.
1 Gloria al Padre.

LA ASUNCION DE LA SANTISIMA VIRGEN MARIA

MARIA, hermosa Reina del Cielo, te amo por el júbilo que tú sentiste cuando fuiste llevada al cielo en cuerpo y alma por los ángeles.

Ruega por mí pecador, ahora y en la hora de mi muerte, para que yo pueda alcanzar una muerte feliz entre tus brazos.

Decir 1 Padre Nuestro.
10 Ave Marías.
1 Gloria al Padre.

5o MISTERIO GLORIOSO

LA CORONACION DE LA SANTISIMA VIRGEN MARIA

MARIA, hermosa Reina del Cielo, te amo por el júbilo que tú sentiste al ser coronada por la Santísima Trinidad como Reina del Cielo y de la Tierra.

Desde el trono de tu gloria pon tus ojos sobre mí, tu hijo que te ama, y protégeme siempre bajo tu manto para que algún día yo pueda encontrarme contigo en el cielo junto a Jesús.

Decir 1 Padre Nuestro.
10 Ave Marías.
1 Gloria al Padre.

DESPUES DEL ROSARIO

SALVE

DIOS te salve, Reina y Madre de misericordia; vida, dulzura y esperanza nuestra, Dios te salve. A ti llamamos los desterrados hijos de Eva. A ti suspiramos gimiendo y llorando en este valle de lágrimas. Ea, pues, Señora, abogada nuestra; vuelve a nosotros esos tus ojos misericordiosos: y después de este destierro, muéstranos a Jesús, fruto bendito de tu vientre. ¡Oh clementísima! ¡Oh piadosa! ¡Oh dulce Virgen María!

℣. Ruega por nosotros, santa Madre de Dios.

℞. Para que seamos dignos de alcanzar las promesas de Jesucristo.

Oremos

OH Dios, cuyo Hijo Unigénito, por Su Vida, Muerte y Resurrección, alcanzó para nosotros la recompensa de vida eterna; concédenos, te suplicamos, que, al meditar sobre los misterios del Sacratísimo Rosario de la Santísima Virgen María, podamos imitar lo que encierran y obtener lo que prometen, por el mismo Cristo nuestro Señor. Amén.